효재語

공감과 힐링을 찾는 짧은___숨

초비북스

목차

저자 편지 002

제1장
편집자와 주고받은, 어느 날의 문장들   036

제2장
여행 중에 나눈, 효재의 말   060

제3장
효재語, 시가 되다   078

제 1 장

편집자와 주고받은

어느 날의 문장들

효재 선생님과 편집자는 20년 가까이 알고 지낸 사이입니다. 편집자가 매거진 에디터로 일하던 시절, 매달 만나 살림 이야기를 연재하며 시작된 인연이 지금까지 이어지고 있습니다. 이 장에는 그 오랜 시간 동안 문득문득 주고받았던 문자와 통화 중 마음에 작은 결을 남긴 말들을 담았습니다. 그저 안부를 묻고, 계절을 이야기하고, 마음을 나눈 평범한 날들의 문장들. 어쩌면 그 안에 살아가는 데 꼭 필요한 감정들이 작게 반짝이고 있을지도 모릅니다.

인간은 누구나 외로운 거야.
근데 요즘 사람들은
외로운 거랑 심심한 걸 자꾸 헷갈려 해.
그 사람은 외로운 게 아니라, 심심한 거야.
심심하지 않게 살 방법을 찾아봐.

그 시절의 나는 지극히 사적인 상처 안에 있었다. 위로가 필요했고, 누군가의 따뜻한 관심에 목말랐던 때였다. 매일같이 일에 치이며 누구보다 바쁘게 살고 있었지만, 그래서 더 외롭다고 느끼곤 했다. 그 감정을, 선생님과 통화할 때마다 "외로워요"라는 말로 꺼내곤 했다. 그러던 어느 날, 선생님이 저 말을 꺼내주셨다. 처음엔 단호해서 서운했다. 내 마음을 알아주지 않는 것 같아서. 하지만 곧 알게 되었다. 그 말은 상처를 덮는 얄팍한 위로가 아니라, 내가 나를 다시 돌보게 하기 위한 선생님만의 방식이었음을. 삶을 조금 더 건강하게 살아내는 법을 묵직하게 건네주셨던 것이다.

관계는 빨랫대 같아야 해.
왜냐고?
기울어지면 빨래를 걸 수 없잖아.

그날은 관계에 대한 이야기를 나누고 있었다. 어떤 사람이 나에게 좋은 사람인지, 무엇을 기준으로 판단해야 하는 건지... 그런 고민들 사이에서 선생님은 한 마디를 툭 던지셨다. 직설적인 말 대신, 조용하고도 단단한 비유로. 처음엔 그 말이 가볍게 들렸다. 하지만 시간이 지날수록, 그 말은 내 안에서 하나의 기준처럼 자리를 잡았다. '상대에게 바라기만 해선 안 되는구나.' 나 역시 누군가의 기대에 닿는 사람이어야 한다는 것. 결국, 결이 같고 방향이 같은 사람과 같은 높이에서 마주 서야 비로소 '빨래를 걸 수 있는 관계'가 되는 거구나. 우리는 너무 쉽게 조건부터 나열하며 사람을 판단하곤 한다. 그날, 선생님은 조용히 그걸 말하고 싶으셨던 것 같다.

나는 한 글자를 좋아해.
좋은 건 다 한 글자로 되어 있어.
별, 차, 밥, 꽃, 달, 돌…
이렇게 내가 말하면 누군가는 꼭 이렇게 덧붙이더라.
돈.
근데 나는 차하고, 밥하고, 콩.
두 글자도 필요 없어.
이 세 개만 있으면 살아.
반찬 없이, 그냥 이 세 가지를 각각 먹을 때
가장 행복하고, 가장 충만해.

효재 선생님은 종종, 아무 맥락 없는 문자를 보내온다. 그리고 답장을 하면, 그 답장엔 다시 아무 대답도 없다. 그냥 하고 싶은 말을 꺼내놓고는, 툭, 끝이다. 이날도 그랬다. 자신이 좋아하는 것들을 곱씹다 보니 공통점이 하나 있더라는 얘기.

모두가 '한 글자'였다고. 물론 선생님이 좋아하는 것들이 정말 한 글자뿐이겠냐마는 그 단순함 속에 의미를 덧붙이고, 일상에 재미를 부여하며, 소소한 행복을 찾아내는 선생님만의 놀이. 이제는 그걸 안다. 아무것도 아닌 듯한 말 한마디가, 나중에 생각하면 꽤 오래 마음에 남는다. 그러니까, 그것도 일종의 위로일지도 모른다.

10년 전 나의 모습이 부럽지가 않아.
그 세월, 내가 연습한 게 어디야.
그게 얼마나 아까운 시간인데.

어쩌면 여행 중이셨거나, 집에 누군가를 초대하셨던 날이었을까. 맥락 없이 도착한 선생님의 문자 한 통. 그날, 나는 바로 답장을 하지 못했다. 젊었던 날을 그리워하는 건 누구나의 입버릇 같으니까. 그런데, 그 문장은 조용히 내 마음을 건드렸다. 과거를 부러워하며 현재를 흘려보내는 우리에게, 선생님은 조심스레 말하고 계셨던 거다.
'지금의 나'는 그 시간을 통과하며 연습해 온 결과라는 것. 그 세월이 없었다면 지금도 없다는 것. 그리고 지금을 만족하지 못한다면, 우리는 또다시 '지나간 오늘'을 부러워하게 될지도 모른다. 과거는 아름답고, 지금은 그만큼 단단하다. 그걸 알려주고 싶으셨던 것 같다

아, 이 사람은 사돈집에 데리고 가도 되겠다.
그런 생각이 들면, 분명 좋은 사람이야.

빵 터졌다. 선생님은 가끔, 너무 단순하고 명확해서 웃음이 터지는 그런 기준을 던지신다. 사람을 판단하는 일처럼 어려운 것도 없는데, '사돈집에 데려갈 수 있느냐'는 그 한마디로 모든 설명이 끝나버린다. 예의, 말투, 태도, 마음 씀씀이까지 딱 거기서 판가름 나는 거다. 들을수록 웃기고, 곱씹을수록 공감되는 말. '아, 맞아. 그 사람은 진짜 좋은 사람이었지.' 나도 모르게 떠오른 얼굴이 하나쯤은 있었다. 선생님은 그날도 웃음 속에 진심을 슬쩍 숨겨두셨다.

서울의 벚꽃은…
화려하긴 한데, 어딘가 화냥년 같지 않아?

서울 한복판에서 오래 사셨고, 서울에서 가장 자연을 가까이할 수 있는 동네에서도 사셨고, 전국에서 아름답다 하는 곳이라면 한 번쯤은 꼭 살아보신 분이다. 그리고 지금은 사방이 산과 바람과 풀로 둘러싸인 국립공원 안, 눈에도 마음에도 거슬리는 것 하나 없는 곳에서 가장 조용하고 단단한 삶을 살고 계신다. 어느 날, 여의도 벚꽃이 흐드러지게 피었을 때 "와, 정말 예쁘네요" 하며 감탄했더니 돌아온 말은 선생님 특유의, 너무 솔직해서 더 웃긴 탄식이었다. "서울의 벚꽃은… 화냥년 같애."

모든 실패에는 얻는 게 반드시 있어.
무조건 해 봐. 아, 설레… 실패할 생각에.

효재 선생님께 무거운 고민을 털어놓을 때면 의외로 강하게 조언을 하시진 않는다. 오히려 내가 더 걱정할수록, 더 망설일수록 선생님은 더 가볍고 사랑스럽게 말씀하신다. 실패에도 얻는 게 있다는 말은 누구나 할 수 있다. 하지만 그 실패를 앞에 두고 "아, 설레…" 소녀처럼 웃으며 말할 수 있는 사람은 아마도 효재 선생님뿐일 것이다. 그 말이 위로가 되는 이유는 실패마저도 인생의 일부로 기꺼이 받아들이는 그분의 마음 때문 아닐까.

오늘은 재활용 명상을 했어.
재활용은 잘못하면 살림이 구질구질해지지만,
잘하면 내 삶에 멋도, 가치도 생기거든.

가끔 선생님은 혼자서 뭔가를 뚝딱 만들어놓고 사진만 툭 보내오신다. 그날도 그랬다. 오래된 원피스를 잘라 토시를 만들고, 다이소 슬리퍼엔 바느질을 더하고, 선물로 받은 사케 나무 상자는 작은 잔들을 고르는 트레이가 되어 있었다. 그리고 남긴 한 마디. "재활용 명상 했어." 좋은 일을 하면, 특히 나이가 들수록 그걸 '옳은 일'이라 믿고 누군가에게 권하고 싶어지는 순간이 있다. 그런데 선생님은 그런 방식으로는 절대 말하지 않으신다. 강요도, 설명도, 설교도 없다. 그저 그렇게 조용히 살아내신다. 그러다 어느 날, 그 모습이 내 마음에 스며들고, 내 삶을 살짝 바꾸게 되는 거다. 그게 아마, 효재 선생님만의 방식일 것이다. 말없이 전하는 진짜 전도.

요시랑이들~

윤영미 아나운서와 함께 효재 선생님, 그리고 나 셋이 함께 여행을 다녀온 후였다. 선생님과 통화를 하던 중, 갑자기 들려온 말. "요, 요시랑이들~" 나와 영미 언니를 두고 하신 말이었다. 처음 듣는 단어였다. 표준어도 사투리도 아닌 딱히, 국어사전엔 없을 말. 그런데도, 딱 느낌이 왔다. 요상하게 사랑스러운 요시랑이들. 효재 선생님은 칭찬도 늘 이런 식이다. 흔한 말은 쓰지 않으시고, 뜻을 풀어 설명하지도 않으신다. 그저 웃으면서, 툭 던지는 말 한 마디. 그 말 한 줄이 괜히 마음을 간질이고, 오래도록 기억에 남는다.

산을 하나 넘으면 평지일까?
아니야. 산을 넘으면 더 높은 산이 기다려.
그렇게 우리는 점점 산과 가까워지는 거야.
그리고 그게, 우리가 이 땅에 태어난 이유야.

처음엔 무슨 말인지 잘 몰랐다. 산을 넘었으면 좀 쉽게 해줘야 하는 거 아닌가, 이제는 평지가 나올 때도 됐다고 생각했다. 그런데 곱씹을 수록 그 말은 격려처럼 들렸다. 또 다른 산이 앞에 있다는 건, 우리가 멈추지 않고 있다는 뜻이고 산과 점점 가까워지고 있다는 증거다. 쉬운 길 대신, 단단한 길을 가는 중이라는 신호. 그게, 우리가 이 땅에 태어난 이유일지도 모른다.

제 2 장

여행 중에 나눈

효재의 말

효재 선생님과 윤영미 아나운서는 건축과 자연, 그리고 여행이라는 공통된 감각으로 친구가 되었습니다. 그 두 사람 사이에서, 저는 관찰자이자 기록자의 자리로 함께했습니다. 함께한 여행 길 위에서 효재 선생님은 때로는 무심하게, 때로는 한참을 바라보다가 말을 꺼내셨습니다. 무릎을 탁 치게 만드는 명언부터, 배꼽이 빠질 만큼 웃긴 농담까지. 그 말들엔 여행지의 빛과 바람, 그리고 사람 사이의 온도가 함께 묻어 있었습니다. 이 장에는 그 짧은 여정 속에서 흘러나온 효재의 말을 하나하나 담아두었습니다..

남의 구역에 와서, 궁금한 게 많아지면 말 나.

관찰자 역할을 하겠노라 다짐했던 나는, 종종 그 자리를 잊고 두 사람의 대화에 흥분해 끼어들곤 한다. 망나니처럼. (웃음) 평소 내 인맥이나 감각으로는 도저히 닿을 수 없는 사람들, 공간들. 그런 곳을 함께 다니다 보면 나도 모르게 들뜬다. 그날도, 정말 특별한 사람을 만나고 나오는 길이었다. 차에 타자마자, 나는 숨도 고르지 않고 쏟아냈다. "선생님, 저 분은 어떻게 그렇게 부자가 된 거예요?" "그 사람, 진짜 좋은 사람이에요?" … 책에 다 담기도 민망할 만큼 노골적이고 날 것의 질문들. 흥분한 나를 향해, 효재 선생님은 단 한 마디를 던지셨다. "남의 구역에 와서, 궁금한 게 많아지면 말 나." 순간, 그 말이 공기처럼 가라앉았다. 내 망나니 같은 호흡은 그 한 문장 속으로 단숨에 가라앉았다.

아, 행복해. 아… 행복해.

효재 선생님은 평소에도 종종 이 말을 혼잣말처럼 내뱉으신다. 처음엔 정말 긍정적인 분이시구나 싶었다. 그런데 여행을 함께 하며 조금 달라졌다. 같이 하루종일 붙어 다니고, 먹고, 걷고, 자는 동안 전에는 보지 못했던 장면들이 하나씩 보이기 시작했다. 예상과 다른 일정이 생기고, 피곤이 쌓이고, 뭔가 결정을 해야 하는 묘한 기류가 감도는 순간들. 그럴 때면 선생님은 슬며시 등을 돌려 작은 미소를 띠고 허공을 향해 조용히 말하신다. "아, 행복해. 아… 행복해." 그때 알았다. 이 말은 진짜 행복할 때만 나오는 말이 아니구나. 조금 무거운 기운을 가볍게 걷어내는 주문처럼, 스스로를 다독이는 마법 같은 습관이었다. 여행 중에 윤영미 아나운서의 남편인 황능준 목사님께 이 이야기를 말씀드린 적이 있다. 목사님은 얇은 미소를 지으며 이렇게 말씀하셨다. "효재 선생님만의, 정말 아름답고 귀한 습관이에요."

매너는 아름다운 배려야.
그건 결국,
아름다운 규칙이기도 하고.

효재 선생님은 손님 초대의 달인이다. 남녀노소, 지위를 막론하고 그 날 그 자리에 초대된 사람은 누구나 왕이고, 공주다. 선생님의 손길은 음식 하나, 식기 하나, 그날의 공기까지도 조금 더 예쁘고 편안하게 흐르도록 만들어 준다. 그래서일까. 여행 중, 어떤 공간에서 무심하거나 무례한 매너를 마주할 때면 선생님은 단번에 알아채신다. 식당의 식기, 음식의 담음새, 응대의 태도. 그럴 때면 윤영미 아나운서와 선생님의 예민하고 유쾌한 쿵짝 배틀이 시작된다. (비교적) 어린 내가 보기엔 두 분 다 조금 까다로우신가 싶을 때도 있었다. 내 얼굴에 그런 기색이 비쳤는지, 선생님이 나직이 말씀하셨다. "매너는 아름다운 배려야. 한껏 멋을 내고, 빨간 립스틱을 바르고 온 손님이 음식을 먹고 나서 립스틱이 다 지워졌다면, 그건 주인의 배려가 없었던 거야." 그날 이후, 나는 알게 되었다. 매너는 규칙이 아니라 아름다움을 지키는 방식이라는 것.

명이나물이 연하고 참 맛있을 때니까,
우린 와인도 명이나물에 흘려서 따라 마시자고.
이게, 시골에서 효재가 해 줄 수 있는 호사니까.

도시에선 와인의 빈티지와 가격을 말하며 그 자리에 감동을 더한다. 하지만 효재 선생님과 함께 있는 자리에서는 그 어떤 설명보다, 그저 있는 그대로의 멋이 더 깊다. 돈으로도, 노력으로도 흉내 낼 수 없는 감도. 그건 타고난 사람에게만 있는 것이다. 아… 이건 설명하는 순간 멋이 다 도망가버릴 것 같다.

나, 들기름 환장하지.
며칠 전부터 들기름~ 들기름~ 우주에 신호를 보냈는데,
이렇게 받다니… 신기하네.
참기름보다 들기름이지.

효재 선생님은 감사를 전할 때도 칭찬을 건넬 때도 그저 간단히 '고마워요' 하고 끝내시는 분이 아니다. 시골 외삼촌이 농사지은 깨로 직접 짜서 만든 들기름을 선물한 날, 나는 그냥 "맛있어요" 한마디면 충분하다고 생각했다. 그런데 선생님은 마치 내 호들갑스러움을 따라 하듯, 손을 흔들고 목소리를 높이며 들기름 찬가를 외치셨다. "들기름~ 들기름~ 우주에 신호 보냈다니까?" 그 모습에 내 마음은 두 배 세 배 더 따뜻해졌다. 닭살이 돋기는커녕, 어쩜 이렇게 사랑스럽게 호들갑을 떨 수 있을까 싶었다. 아마도, 효재 선생님만이 할 수 있는 방식의 감사였던 것 같다.

지구의 모든 수컷은 아름다워야 하고,
모든 암컷은 능력이 있어야 해.

처음 들었을 땐 정말 충격이었다. 효재 선생님의 입에서 그런 말이 나올 줄은 몰랐으니까. 능력 있는 여자 셋(효재, 윤영미, 그리고 나)이 여행을 다니다 보면 "가끔은 능력 좀 없어봤으면 좋겠다"는 농담 섞인 푸념이 오가곤 했다. 그런 자리에서 선생님은 아무렇지 않게 말씀하셨다.
"지구의 모든 수컷은 아름다워야 하고, 모든 암컷은 능력이 있어야 해."
나는 그 말을 듣고 배꼽을 잡고 웃으며 외쳤다.
"선생님, 완전 신여성이세요!" 그런데 그다음 여행에서, 그 말을 다시 꺼내며 한바탕 더 웃자고 했더니 선생님은 진지하게 그 말의 숨은 뜻을 설명해주셨다. 첫 번째는 역사적인 맥락이었다. 과거는 힘이 돈이 되는 시대였고, 남성의 신체적 능력이 사회적으로 더 요구되던 시기였다. 하지만 지금은 다르다. 더 이상 '힘'을 써서 돈을 버는 시대는 아니다. 이제는 머리를 써야 하고, 그 섬세한 머리 쓰기에 있어 여성들은 훨씬 유리한 지점을 가졌다는 것. 조선 600년의 흐름까지 짚어가며 선생님은 꽤나 진지하게 설명해주셨다. 두 번째는 지금 우리 주변에서 실제로 벌어지고 있는 일들. 아내가 일하고, 남편이 육아를 하는 가정. 아이 유학을 따라 남편이 외국에 머물고, 아내가 국내에서 경제를 책임지는 삶. 그 모든 현실은 우리가 징징댈 게 아니라 스스로를 바라보는 태도를 바꿔야 할 이유였다. 그 말은, 능력 있는 여자 셋이 모여 흘리던 은근한 한숨에 대한 선생님의 조용한 경종이었다. 하지만 그래도 나는 웃으며 여쭸다.
"선생님, 그 수컷의 '미모' 발언은 조금 위험한 거 아닌가요?"
선생님은 단호하게 말씀하셨다.
"무슨 소리야. 수컷은 미모가 기본이야. 되도록 소년미가 있으면 더 좋고."

손님은,
기다리는 순간부터
손님맞이가 시작되는 거야.

효재 선생님은 한 번에 많은 사람을 초대하지 않으신다. 2명이 가장 좋고, 3명까지가 적당하다고 하신다. 초대받은 날이면 선생님은 손님이 지금 어디쯤 오는지, 어떤 술을 준비해 오는지 문자를 주고받으며 자주 체크하신다. 그리고 문을 열고 들어서는 순간, 왜 그토록 이것저것 확인하셨는지 한눈에 알게 된다. 술은 온도가 맞춰져 있고, 음식은 그 사람의 입맛과 계절에 딱 맞춰져 있다. 위치는 물론, 앉는 자리의 동선, 빛의 각도까지도 배려된 공간. 그리고 선생님은 늘 같은 말씀을 하신다. "이 순간만큼은 공주와 왕자가 돼서, 제 접대를 마음껏 누려보세요." 너무 신경을 많이 쓰시는 것 같아 "선생님, 조금 편하게 하셔도 돼요" 라고 말하면, 선생님은 조용히 웃으며 이렇게 말씀하신다. "손님은, 그들을 생각하며 기다리는 그 순간부터 손님맞이가 시작되는 거야. 그리고 그건 나의 즐거운 놀이야."

"우린 오늘 굿(굿)을 한 거고,
그건 결국 GOOD(굿)이야."

며칠 전, 장성진 포토와 함께 선생님 댁을 찾은 날이었다. 이상하게도 모든 게 자꾸만 꼬였다. 교통편도, 도로 상황도, 식사도… 하나부터 열까지 어긋났고 처음 만남의 공기가 엉망이 되어버린 것 같았다. 그러다 오후, 선생님 댁에 도착하고 나서야 촬영은 거짓말처럼 일사천리로 흘러가기 시작했다. 잠시 여유가 생기자 선생님은 조용히 말씀하셨다. "비밀 장소 보여줄게." 그 길 위에서 선생님이 툭, 한 마디를 던지셨다. "아, 우리 책… 대박 날 것 같아. 오늘 오전은 말이지, 우리가 일종의 액땜이자 굿(굿)을 한 거고. 그건 결국… 우리한테 GOOD(굿)이 된 거지." 그 말에 우리 모두 멈춰서서 웃었다. 삶의 꼬임을 이토록 유쾌하게 풀어내는 사람이 있다는 것. 나쁜 흐름조차 반짝 웃음으로 바꾸는 이 말장난 안에는 효재 선생님만의 해학, 그리고 삶을 대하는 방식이 고스란히 담겨 있었다.

제 3 장

효재語

시가 되다

효재 선생님의 말은 언젠가부터 문장을 넘어서 조용히 시가 되기 시작했습니다. 자연을 바라보다 떠오른 생각들, 살림을 하다 문득 스친 감정들. 그 모든 순간들이 짧은 말이 되고, 그 말들은 어느새 시가 되었습니다. 이 장에는 효재 선생님이 직접 쓴 시를 담았습니다. 자연과 사람, 그리고 일상의 결이 고요하게 스며 있는 말들. 한 편 한 편이 삶과 계절, 그리고 그 안의 마음을 담고 있습니다. 소리 없이 다가와 마음을 오래 적시는 효재語의 또 다른 얼굴을 이제, 시로 만나봅니다.

부추꽃

어린왕자에게 "무슨 꽃을 좋아하세요?"라고 물어보면,
그는 "부추꽃이요."라고 말한다.
이 이야기를 들려주면 사람들은 언제나 똑같다.
"어린왕자가 좋아하는 꽃이요?"가 아니라
"부추도 꽃이 있어요?"라고.

지금이야
온갖 조리법으로 사철 내내 먹는 흔한 식재료지만,
예전에는
'첫물 부추는 사위도 안 준다'며
문고리 걸고 먹는다는 속담까지 있을 만큼
귀한 나물이었지.
겨울이 긴 나라에서
남쪽에서부터 올라오는 봄부추는
그 자체로 계절의 선물이었나 보다.

그리고 여름,
더위가 정점을 찍는 8월이면
나는 흑심 가득한 얼굴로
올갱이국집을 찾는다.

식당 입구에 수북이 쌓인 부추 더미 앞에서
꽃대를 골라내는 번거로운 일을
내가 먼저 자청해 도운다.
그러고는
부추꽃 한아름을 품에 안고
행복에 찬 얼굴로 집에 돌아온다.
듬뿍 꽂아 놓고 나는 말한다.
"부자야,
부추꽃을 이렇게 한아름이나 꽂다니~"
행복은 잠시.
집 안 가득 퍼지는 마늘 향.
독가스 같은 그 냄새에 잠시 정신이 멍해진다.
그리고 또 한 번,
부추꽃에게 배운다.
욕심내지 마라.
나는 그냥 봐 줘.
꺾어 놓은 꽃은,
꽃이 아니야."

ㄱㄴㄷㄹㅁㅂ

두레박 넘치게
퍼올려

버들잎이랑
띄우지 말고
그냥 내다 주오

비 그친 행궁에서
약수물로 눈 헹구고
ㄷ으로 의자 만들어
영실이와
어깨동무하고
별을 세고 싶소

뚝!
꺾어 만든 분디나무
젓가락과
무 짠지면
술타박은 않겠소

ㅂ 엎어서 술상으로
내다 주오

친구들 몰려오는
10월에는
ㅅㅅ 두 개― 엎어
잔치상 만들고

상다리 휘어지게
산해진미 쌓아 놓고
신선주 풍정사계 이도
세종어주 동네 술자랑에
술 태백이 되어도 좋소

ㅇ 사발에
산초 장아찌
수북히 담아~
ㄲ 소반에 얹어
장독 한켠 내놔 주오

달빛 아래

퍼질러 앉아

손바닥에

김 펴고 흰밥 얹어

입 튿어지게 먹으면

달도 먹고 싶어

먹장 구름 뒤에 숨어서

꼴깍

침 삼킬 거요~

고라니와 끝물 고추

모기 떼 사라지고
고라니 무서워
그물망 높이 치고 배추 단도리할 때쯤
고추대가 어깨 높이까지 자라 있다

얼굴도 예뻐
보이지 않는 마음결은
더 고와!
시간 귀하게 쓰는 온유 엄마가
산골짝까지 오면 해 줄 게 마땅치 않다.

세상 좋은 거 다 누리고
무슨 복일까? 싶은데
작은 몸집에
큰 차 몰고 탈북 청소년들
태우고 올 때면
서로 간의 고생이 보인다

마음이 앞서 맨손으로
고추대 뚝뚝 꺾어 안겨 주면
식탁에 꽂아 놓고
알뜰히 먹었다고~

어느 한 생
나는 나무꾼이었을지도
기억 못하는 버릇이 남아서
고추꽃 안겨 주고는
흐뭇해하는 건 아닐까?

밤마실 내려와
배추 서리하는
고라니였으려나~

식탁에 꽂아 놓고
알뜰히 먹었다고~

크기도 제각각인
끝물 고추 얻어 오면
매운 고추도 적당하게
쓸려와 요리하기에 좋다

가을비는 오지~
덩그렁거리는 풍경 소리에
매운내 기침하면서도 신명 나서
된장 고추조림 만들어
서울 가는 손에 전한다

오만 된장 요리에
아낌없이 푹푹 떠넣고
매콤한 된장라면 한입에

고추꽃 떠올리며
그 예쁜 꽃이 매운 고추가 되는 게
신기해서, 고마워서

내겐
한해 날수 계산도
막 고추꽃 꺾이는 날이
한 해 시작이다.

오늘부터 365일 지나고
내년 오늘 쯤~
비가 오고 바람이 불고

풍경이 댕그렁 거리겠지

고추꽃의 날

무탈하게
한 살 더 먹은 고라니와
끝물고추가
고추꽃이
기다려진다

산신령과 솔이엄마

앞도 뒤도 옆도 산인 괴산에 살면
송이가 넘쳐 나서
라면에도 쭉쭉 찢어 넣고
송이밥은 당연하고
오는 이들 가는 이들 떠날 때
솔잎에 감싸서 들려 보낸다
문경에 청주에 일 보러 왔다
잠깐 들르는 이들에게
금방 씻은 쌀로 애기 솔잎 얹은
송이밥을 해 주면
선 밥에도 향에 취해 과식을 한다

부른 배 안고
풀린 눈으로 운전대 잡고
창문 반쯤 내리고
"운전 조심~"
작별 인사 건네는 동안
내 마음이 움직였다

얼른 조수석에 올라앉아
"서울~
용산 가요 ㅋㅋ"

가는 중, 이런저런 수다 떨다 보면
어느새 도착
늦은 밤 용산역이 텅 비어 있다

급하게 먹은 밥 속의 송이는
어느 산에서 누가 땄는지
올해 송이값은 어땠는지
송이 수다 떨다
용산역 도착할 때쯤이면
우리는 송이 박사가 된다
그놈의 송이 때문에

취나물과 가을밤

복토를 해야 하는 이웃 농부네서
취나물 한 무더기 잠시 피난을 왔다.
무더운 여름 나고 하얀 꽃이 뿌옇게 피었다가
씨로 남아서 고향으로 가나 했다.

나물에도 팔자가 있나 보다.
유난히 더운 여름 두 번씩이나 옮겨 앉는 동안에도
살아남아 흰 꽃을 면사포처럼 피울 때
불청객이 찾아왔다.

슬며시

밧줄처럼 가느다란 애기뱀이
제법 몸통이 굵어져
느릿느릿 겨울 준비를 하는지
자주 눈에 띈다.

피난 온 취나물 꽃대가 바람결에 일렁일 때면
과거사 아는 나는 애틋해져서
마시던 찻잔 들고 맨발로 나가
한참을 들여다본다.

어쩜, 장해라. 살아냈어!

두 번씩이나 떠안겨 온 팔자 센 너도
싸락눈 같은 꽃을 피우네
꽃향기 맡으려는 순간

움찔
우다다닥
가~ 가~ 가~

외마디 비명을 지르며
백반을 뿌려 댄다.

벌이 마구 쏘여 대도
벌이니까,
벌침은 약이라며
부은 손등 보는 이웃들도
"봉침 맞았네요."
다들 웃는 얼굴이었다.

겨울 준비로 바쁜 가을뱀이
주고 간 선물이란

여름날 요긴하게 사용하던
마당 한 켠 널브러진 호스조차도
기다란 건

다

오싹~
놀래라

달빛 싸~한 가을밤이다.

오늘은 콩나물 주지 마세요

스님~
오늘은 콩나물 주지 마세요
어제
먹느라 고생했거든요

한 가지 반찬만 마구 먹어 대는
민폐 식성을 가지고 있어 민망할 때가 있다.
혼식에 일찬 식성이고, 맹간으로 육식 거부, 집 나가면 서로 고생이다.

1읍 1면 증평군은 작아서, 괴산 옆이어서, 오며 가며 들르는
정든 곳이 되었다. 칠석 데이, 친구 따라 장에 가듯 들른 곳이 법천사.
절이 많기로, 그 많은 절 이름 중 흔한 이름이어서,
절 가는 길이 시골 마을 지나 너무나 평범해서~, 기대하지도 않고 그냥
절밥 한 끼 먹고 올 참이었다. 오는 길엔 친구와
짧은 수다, 집 도착, 추억 한 조각, 완벽한 칠석 데이⋯.
시나리오는 이렇게 마무리돼야 했다.

물먹은 창호지처럼

맑은 큰스님과
도토리처럼 예쁜
도연 스님을 만나기
바로 전까지~~

길가의 화살표 그려진
팻말에서

영희 순희처럼
절 이름도 그런가 보네
무심했다.

무심에서
영원으로 가는
찰나의 순간을 느끼는
시간은 얼마나 될까?

콩나물 맛없었어요
말하는 순간부터
찐으로~~

괴산에 살길 잘했어
콩이 많이 나지!
콩나물뿐이야?
두부도 만들어 산초기름에
냄새 풍기며 먹은 티
낼 거야!

그간 고생이야
뒷산보다 크지만

더 큰 산 그늘 만들어
놀다 가게들
만들어 가요, 함께~~

옥수수가 전하는 마음

옥수수 알갱이
한 알 한 알 흩어내리듯
또박또박~

선생님~
주소 주셔요?
강원도 옥수수 보내게요!

아니~
괜찮아~~
여기 괴산 옥수수 유명해!

막무가내다.

외출해서 돌아오니
현관 입구 꽉 막고 있는 우악스런 상자

날씨는 오죽 더워!
옥수수골에 옥수수를
보내다니~~

택배 기사님께 미안한 생각부터 든다.

테이프 뜯을 때까지
옥수수 겉잎 떼낼 때까지
극성이야~ 극성이야~

속투정하며
모기 피해 후다닥거리다 보면
고마운 마음보다
번거로움이 먼저다.

타이머 15분~ 잔열 5분 지나고
물 흐르는 겉잎 한 겹 떼내고
양손으로 들고는
한입 베어무는 순간
울컥~

이 풋내~
알갱이 한 개 한 개
달큰한 풋내로 살아 있다.

이걸 먹이고 싶었구나~~
이 풋내를 여름 선물로
주고 싶었구나~~

충북 괴산 산골에서
강원도 봉평 옥수수를
우겨서 맛보다니!

먼저 핀 벌개미취꽃
꽂아 놓고
옥수수 풋내에

탁해진 마음
쓸어내리며~~~

땡큐~

그녀에게!

효재語

초판 1쇄	2025년 9월 22일
지은이	이효재
펴낸이	김수영
펴낸곳	초비북스
주소	서울시 마포구 월드컵북로5길 41 로컬스티치크리에이터서교타운 2층
인스타그램	@chobibooks @story_chobi
스마트스토어	smartstore.naver.com/owolstore
전자우편	chobibooks@naver.com
디자인	ALL contentsgroup
사진	장성진(스튜디오 547)
인쇄	디앤와이 프린팅

ⓒ이효재, 2025
ISBN 979-11-993753-1-4 03800

- 책값은 뒤표지에 있습니다.
- 이 책 내용의 일부 또는 전부를 재사용하려면 반드시 저자와 출판사의 동의를 얻어야 합니다.
- 잘못 만들어진 책은 구입하신 서점에서 교환해드립니다.

초비북스草雨BOOKS는 '풀잎후에 내리는 비雨'라는 뜻으로,
작은 이야기에도 생명을 불어넣어 자라나게 하는 출판사입니다.